AF140547

Von hier nach da und zurück

Eine Zeitreise nach meinem Geschmack

Felix Hahn

Bibliografische Information der Deutschen Nationalbibliothek
Die Deutsche Nationalbibliothek verzeichnet diese Publikation in der
Deutschen Nationalbibliografie; detaillierte bibliografische Daten sind
im Internet über http://dnb.dnb.de abrufbar.

© 2016 Felix Hahn
Umschlaggestaltung, Herstellung und Verlag:
BoD – Books on Demand
ISBN 978-3-7392-0175-7

Vorwort

Ich hab mir in letzter Zeit oft die Frage
gestellt, wie ich zu einer neuen Beziehung
stehe, ob ich dazu bereit bin, was das für mich
überhaupt ist, wie ich es mir vorstelle und
wünsche, bei gefühlten dreitausend
verschiedenen „Beziehungsmodellen"
heutzutage. Doch so sehr ich auch darüber
nachdenke, komm ich immer wieder zurück,
zum anscheinend Banalen, aus heutiger Sicht
vielleicht auch Altmodischen. Vielleicht klären
wir auch erst einmal den Begriff „Beziehung"
an sich.

Was ist das?

Zeit, die zwei sich gegenseitig nicht völlig
abstoßend findende Menschen miteinander
verbringen weil es einfach oder einfach
bequem ist? Weil gerade nichts „Besseres zur
Hand" ist? Sowas soll´s ja wohl geben. Diesen
Gedanken finde ich allerdings ziemlich
abstoßend.

Was ist es für mich?

Zeit, die ich mit Jemandem verbringe, teile, weil ich ihn mag, liebe. Jemand für mich Besonderem. Mit all seinen Konsequenzen, dem Schönen, dem Hässlichen. Und ja, an der Stelle will ich auch, dass es weh tut, wenn Derjenige nicht da ist. Will ihn vermissen, merken, dass er mir wichtig ist und fehlt, wenn er nicht bei mir ist. Will mich vor Sehnsucht verzehren und vor Freude weinen, wenn ich ihn wieder in die Arme schließen, ihm in die Augen sehen und erkennen kann, dass es ihm auch so geht, dass wir wie Bäume und füreinander Regen sind, miteinander und aneinander wachsen und die Zeit, wurzelnd ineinander verwoben, überdauern.

Ob das jetzt meine Frage beantwortet, weiss ich selbst nicht genau, aber die Vorstellung an sich, ist sehr schön. In diesem Sinne, viel Spaß auf den folgenden Seiten.

Felix

Stellen wir uns mal einen Kreis vor,
in dem wir uns bewegen.
Oder eine Kugel,
einen Globus vielleicht.
Punkt A als Anfang, Beginn
der Reise gesehen.
Immer einen Fuß vor den anderen,
also dem Sinn nach geradeaus,
nach vorn.
Beweg ich mich jetzt rückwärts,
mit jedem Schritt den ich lauf?

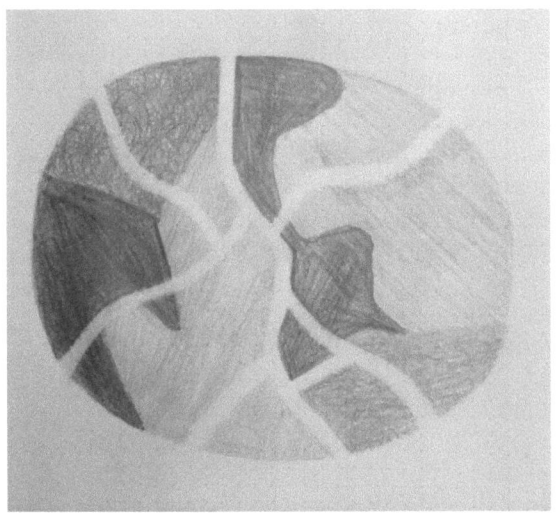

Was du in mir siehst
War ich nie
Und werd ich
In diesem Leben auch nicht sein

In meinem Kopf
Seh ich´s heute ganz klar
In meinem Herz
sieht´s anders aus

Und manchmal
Wenn die Rollen vertauscht
Ist diese Welt
Für uns viel zu klein

Ein Teil von mir
Will bei dir sein
Ein anderer
Will es nicht

Kann nicht atmen
Komm nicht vom Fleck
Geb alles, was nicht echt war
Und will auch nicht(s) zurück

Dein Blick
Wenn wir miteinander tanzen
Dein Lächeln
Dein Gesicht

Bei dir sein
Das will und will ich nicht
Bei dir sein
Ist zu viel Glück

Lass mich schlafen
Lass mich ruhen
Lass mir das Gras unter den Füßen
Die Äschen und den Wald

Lass mir den Himmel über mir
Mir ist sonst alles hier zu klein
Lass mir einzig nur den Himmel
Wirst für immer bei mir sein

Lass mir einzig nur den Himmel
Lass mich endlich ruhen
Lass mir einzig nur den Himmel
Und der Himmel deckt uns zu

> <

Wohin würd ich fliegen
Wenn ich´s könnt´
Wohin würd´ ich gehen
Dich nicht mehr zu sehen

Und hab ich´s gefunden
Und ist es bei mir
Will ich nicht, dass es hier ist
Will´s nie wieder verlieren
Hab Angst, dass es geht
Weil ich weiss, dass es fehlt
Mich lassen deine Blicke nicht los

Der Horizont ist nur ein Strich
Und die Welt wird zu klein
Uhren drehen sich Rückwärts
Du stiehlst dich in mein Leben hinein
Deine Blicke sind wie Rotwein als Fleck
Gehen unter die Haut, brennen sich ein
Gehen auch beim Waschen nicht weg

Komm schon, tanz schon
Beweg dich mit mir im Kreis
Komm schon, dreh dich
Beweg dich mit mir um die Welt
Bis in den Himmel hinein
Komm schon, trau dich
Lass uns zusammen
Ein kleines Bißchen unsterblich sein

Es gibt so Vieles,
zwischen schwarz und weiß,
dass ich nicht verstehe.
Vielleicht liegt´s auch nur am Bier.
Hab mich so lange
nach einem solchen Moment gesehnt.
Dich los zu lassen,
beängstigend schwer.
Wunderschöner Augenblick,
nicht weniger.
Mehr dazu sagen
vermag ich nicht.

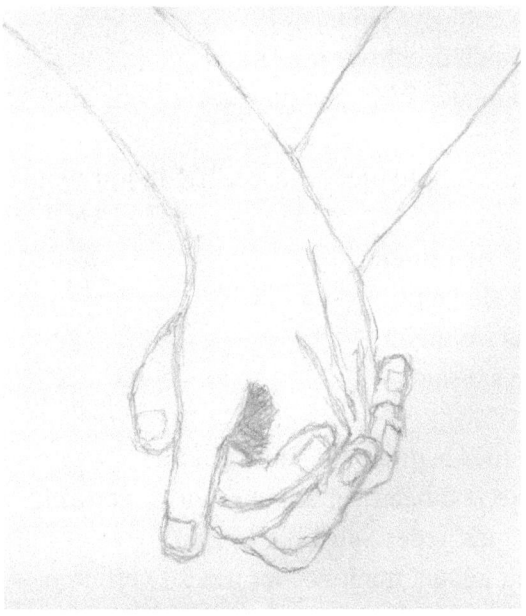

Vergangene Nacht hat mir Geschichten erzählt.
Neuer Tag öffnet mir seine Tür.
Und ab jetzt, öffne ich meine Augen.
Und ab jetzt, hör ich ihr zu.

Wie sie schreit,
wie sie lacht.
Wie sie meint,
was sie sagt.

Mit jedem Blick aus dem Fenster,
fang ich an zu begreifen.
Hab mich gefunden und wieder verloren.
Ein endloser Kreis,
der sich dreht wie im Zirkus.
Ein langer Weg, den die Zeit mit mir ging.

Und ich höre die Stille, die tief in mir wohnt.

Wie sie schreit,
wie sie lacht.
Was sie meint,
wie sie sagt:

Ab hier beginnt ein neues Kapitel,
ab jetzt fangen wir an, uns neu zu verirren.
Und auf jeder Seite, die leer ist,
fang ich an, mich wieder neu zu verlieren.

Gefangen und frei,
mittendrin und in mir.
Gelöst von all dem,
dem Jetzt und dem Hier.
Doch vielleicht macht's auch Sinn,
sich nochmal neu zu verlieren.
Mittendrin in all dem,
dem Jetzt und dem Hier.

Ist es denn wirklich
schon so lange her,
oder liegt es an mir
und ich seh's bloß nicht mehr.

Ist es denn wirklich
schon so lange her,
oder liegt's nur an mir
und ich versteh bloß nicht mehr,
was ein Blick zu mir sagt,
dass ein Lächeln vermag,
sich einmal neu zu verlieren,
mittendrin in all dem,
dem Jetzt und dem Hier.

Ein einz´ges Mal,
nicht ständig fragen oder sagen,
was wen stört und wer was mag.
Nicht immer reden über alles,
alles und doch nichts.

Einfach den Dingen ihren Lauf
und der Ruhe ihren Raum.
Getragen von der Stille,
egal wie weit,
egal wohin.

> <

Die *Verbindung* hat gefunden,
wonach das *Wir* nicht hat gesucht.
Hat sich gelöst vom *Zweisam,*
und mit dem *Alleinsein* fest verbunden.

Das *Zusammen* blieb halt stehen,
wollte nicht mehr weitergehen.
Hat aus dem *Gemeinsam-in-der-Nacht,*
ein *du-mit-dir* und *ich-mit-mir* gemacht.

Ja das mit uns hat sich verschoben,
das *Wir* hat sich gedreht.
Ja das *Uns* hat sich verzogen,
ist mit dem *Wir* falsch abgebogen.

Lass die Schwere los,
bin schwerelos.
Lass fallen,
lass mich treiben.
Im Gedränge der Gedanken hin und her.
Im Trubel des Wahnsinns kreuz und quer.
Von hier nach da,
von dort zum Glück.
Jetzt hab ich mich verlaufen,
im Kreis nach vorn,
im Kreis zurück.

> <

Hab oft nur die Nacht
Die mit mir spielt, mit mir lacht
Nach den ersten zwei Bier
Geht´s mir gut
Nach dem Dritten
Gehör ich ganz ihr
Und sie spricht, ja sie spricht dann mit mir
Sie flüstert
Zeigt mir die hintersten Ecken
Das letzte Versteck

Tiefe Wurzeln, weit verzweigt
Fundament, Vergangenheit

Muss die Mitte finden
In mir ruhen, schlafen
Die Lichtung finden
Augen öffnen, atmen

Irgendwas wird Gestalt
Kann nicht erkennen, was es ist
Was kommt, ob´s richtig ist
Ein Wort, ne Idee, ein Gefühl
Es brennt Sonne in der Wüste
Und Gedanken in mir

Kahle Äste, ganz klein
Zukunft
Ist noch nicht
Aber wird noch sein

Kein Suchen, nur Finden
Mitte im Wald, Weg hier raus
Öffne die Augen, atme Zukunft
Atme sie ein, sauge sie auf

Tiefe Wurzeln, weit verzweigt
Fundament, Vergangenheit
Kahle Äste, ganz klein
Zukunft
Ist noch nicht
Aber wird noch sein

Der Stein stößt an
und wir hinterher.
Ich denk gern in Moll,
du träumst nur in Dur.

Was sollen wir nur machen,
wenn´s keiner mehr weiss?
Was können wir noch tun,
wenn keiner weiss warum?

Denn alles, was dich stört,
liegt irgendwie an mir.
Und alles, was mich stört,
liegt irgendwie an dir.

> <

Kennst du das Gefühl?
Immer laufen laufen laufen,
komm nicht voran.
Was hält mich auf?

Kennst du das Gefühl,
zu fliegen?
Gefangen in dir selbst und frei?
Will schweben.
Schreien.

Wo ist der Unterschied,
zwischen *Hier* und *Da*?
Wo ist der Unterschied,
zwischen *Wird* und *War*?

Wo ist der Unterschied,
der den Unterschied,
nicht runterzieht?

Wo ist der Unterschied,
der mich treibt und befreit?
Wo ist der Unterschied,
der nach mir schreit?

Wo ist der Unterschied,
zwischen gestern, heut und morgen,
zwischen Tag und Nacht?

- - -

Ich hab ihn gefunden,
der Unterschied feiert,
der Unterschied lacht.

- - -

Zwischen ihm und mir,
gehts hin und her.
Zwischen ihm und mir,
wird aus *Voll* einfach *Leer*.

Zwischen mir und ihm,
gehts auf und ab.
Zwischen mir und ihm,
wird *Nichts* plötzlich *Was*.

Zwischen ihm und mir,
gehts Schritt um Schritt,
zwischen ihm und mir,
gehts Vorwärts zurück.

Muss schlafen, runterkommen
Den Schalter finden, runterfahren
Bin müde, der Dinge um mich rum
Muss Ruhe finden, einen Weg geradeaus

Hab ´nen Bahnhof im Kopf
Doch der Zug hält nicht an
Alle Haltestellen sind im bau
Frisst mich auf, muss hier raus

Und alles, was bleibt, ist die Zeit
Zwischen dunkel und hell
Viel zu schnell, wirft man weg
Was man gerade nicht braucht

Letzten Endes, ist alles, was bleibt
Ein Buch ohne Worte, weil niemand sich traut
Letzten Endes, ist alles, was bleibt
Ein Buch ohne Worte, weil keiner es schreibt

Man malt Bilder von sich selbst
Auf denen keine Farbe hält
Und auch die eigenen Dämonen
Werden wie Erinnerungen
Mit den Jahren alt
Verblassen mit der Zeit
Werden zu täglichen Begleitern
Leisen Stimmen, die man nur hört
Wenn´s draußen dunkel
Und drinnen einsam ist

Man sucht nach der Antwort
Dem Sinn
Und der Selbsthass wird größer
Und immer, wenn ich Rosenblätter
Auf irgendeiner Treppe liegen seh
Spür ich
Wie ein weiterer Teil von mir geht
Und ich stell mir die Frage
Wieviel kann gehen
Bis nichts mehr bleibt

Der Kopf ist leer,
hat nichts zu tun.
Man sollte meinen, dass sei schön.
Doch irgendwie, ich weiss es nicht.

Kein leises Flüstern,
kein Rauschen nirgendwo.
Keine Gedanken spinnen Fäden,
nicht hier, nicht da, nicht dort.

Beinah beängstigend die Stille.
Unendlich groß der Raum.
Ich schließe meine Augen,
lass los und lass mich fallen.

> <

Wo fängt was an?
Wo hört was auf?
Warum ist wenig oft zuviel?

Seh den Zeigern zu beim Kreise drehen
und setzte Stück für Stück,
Stück um Stück neu zusammen.

Stück um Stück und von vorn.

Dieses Gefühl, wenn einen etwas ganz tief in einem
trifft,
den gesamten Raum um einen herum einnimmt,
alles strahlt,
und die Zeit still zu stehen scheint.

Mitten im Hier und Jetzt.
Mitten im Nichts.

Eindrücke prasseln wie Regen auf mich ein.
Jeden Tag neu.
Alles bunt,
alles schwarz-weiß,
alles grau.

Dieses Gefühl,
angekommen,
zu Hause,
verloren zu sein.

Wie kann ich es beschreiben?
Glücklich leer?
Zerrissen frei?
Leise laut?

Die eigenen Gedanken zu verstehen,
ist die wohl schwerste Aufgabe,
die ich mir vorstellen kann.
Sie ist Leben.
Mein Leben.

Jeden Tag ein neuer Versuch,
die Antwort zu finden,
die es nicht gibt.

Wahrscheinlich ist es einfach.
Muss man doch nur mit sich ins Reine kommen.

Doch das Erreichen dieses Zustandes scheint mir utopisch.

Und was wäre dann?
Was sollte ich mit meiner Zeit anfangen?

Sitze ich doch erstaunlich gern,
bei Musik und Wein, in meinen Gedanken versunken,
und mit dem Stift in der Hand da,
erfreue mich an jedem noch so kleinen Puzzleteil,
welches zufällig zum Nächsten passt.
Erwische mich regelmäßig selbst dabei,
wie mir ein Lächeln über die Lippen rennt,
bei dem ein oder anderen Satz den ich schreibe.
Der aus Versehen und in diesem Moment,
für mich gerade einen Sinn ergibt.

Vielleicht ist die Antwort auch nur,
dass ich das gerne mache,
weil ich grad nichts Anderes tue.
Vielleicht lebe ich auch einfach noch zu sehr in der
Vergangenheit.
Den Blick auf Dinge gerichtet,
deren Zeit nicht mehr ist.
Die ich romantisiere,
obwohl sie es nicht wert sind.
Oder vielleicht doch?
Oder genau deswegen?

Ich weiss nicht mehr,
ob ich je eine genaue Vorstellung davon hatte,
wie mein Leben aussehen sollte.
Doch solange mein Verstand die Fäden zieht
und die Gedanken miteinander tanzen,
fällt das Klarsehen schwer.
Geht das Verstehen in der Menge unter,
und beim Tanzen verloren.

Es kommt mir vor,
als drehe sich alles hier im Kreis,
und bewegt sich gleichzeitig in alle Richtungen fort.

Glockenspiel im Wind.
Erlkönig und Kind.

Alles steht still.
Dreht und bewegt sich.
Wohin?

Mit den Füßen im Himmel und dem Kopf in der Hand.
Immer weiter, immer mehr,
und nie genug von was auch immer.

Keine Ahnung,
wann,
wo,
wie,
und jetzt und immer!?

Zwischenzeitlich Zwischenspiel,
oder warten auf Godot?

Und was,
wenn´s anders und nicht anders wär?
Was,
wenn ein Gedanke, den anderen zu Ende denkt?

Ich frag dich warum?
Du sagst: "Warum nicht?,
können uns doch gut leiden
und neu wär´s auch nicht für dich."

Seh dein Lächeln und mach automatisch mit.
Du hast recht, neu wär es nicht.

Bin hin und hergerissen,
doch muss gestehen,
es ist anders für mich.
Denn wenn du morgen früh gehst,
dann vermisse ich dich.

> <

Wie schreibt man Geschichten,
die man nur fühlt und nicht spricht?

Wie malt man Bilder,
die man nur vor Augen sieht wenn man sie
schließt?

Und wie macht man greifbar,
was man nur denkt, was noch nicht ist?

Den Raum durchzieht ein Knistern,
meine Adern sind gestaut.
Hör deinen Herzschlag zwischen Lichtern,
spür´ deinen Atem auf der Haut.

Ich tauche ein in deinen Blick
und ich ertrinke tief in dir.
Oh bitte rette mich,
oh bitte rette mich vor dir.

Der Moment darf niemals enden,
will mich heut Nacht in dir verlieren.
Und ich such´ in deinen Augen,
nach dem einen Augenblick, dem *Wir*.

> <

Im Grunde,
war´s mir immer egal,
dann wieder nicht.

Und es wär schön,
wenn wir uns für länger,
egal wären und nicht.

Dreh dich,
schon bist du im Jetzt,
oder auch nicht.

Ein Kreis ist vollkommen,
das Leben ist es nicht.
Wo ist da der Sinn?
Dreht sich im Leben,
doch alles nur im Kreis.
Ganz egal,
wo Anfang oder Ende ist.

Dreh dich,
schon blickst du nach vorn
oder zurück.

> <

Oh bitte rette mich,
vor dem da draußen, dem hier drin.
Bitte rette mich vor dem was fehlt,
bitte rette mich vor dir.

Oh bitte rette mich, rette mich,
oh bitte rette mich nicht.

Hin und her
und hin und weg.
Und ganz egal
und irgendwo da draußen.
Dreht man sich einmal
und dreht man sich zweimal,
im Kreis.

Und hier und da
und wo auch immer.
Und ganz egal
und sowieso,
ist hier mal da
und da mal dort.

Wo der Kreis zum Würfel
und das Ende zum Anfang wird.

> <

Egal wohin ich geh,
bin ich wenn ich da bin,
auch nur da,
wo ich schon gewesen bin.
Und bin ich dann dort,
bist du nicht bei mir.
Und bin ich dann da,
bin ich nur wieder hier.

Ich trink zuviel und sag auch viel zu viel,
wenn ich das tu.
Gedanken spinnen Fäden,
ohne Anfang, ohne Ende, ohne Ruh.

Ich sitz an meinem Schreibtisch
und schreibe Wort um Wort.
Und das Herz formt den Gedanken,
wär jetzt so gern mit dir am selben Ort.

> <

Ja ich weiss, ich weiss, ja ich weiss,
dass nur der Augenblick mich trennt,
von dir und dem Moment.
In dem sich unsere Blicke finden
und wir uns ineinander verlieren.

Und wer weiss, wer weiss, wer weiss
was passiert?
Wenn vielleicht, vielleicht, vielleicht
sich unsere Hände berühren?

Und ich weiss, ich weiss, ja ich weiss,
es wird gleich passieren.
Wir schließen die Augen
und wir werden uns spüren.

Dreitausend Fragen
und der Tag nimmt seinen Lauf.

Zwei Tauben auf dem Dach,
sehen nur wie Statuen aus.

> <

Wie die Erde um die Sonne,
dreht sich alles hier im Kreis.
Man trifft jeden Tag auf tausend Fragen,
zu denen Keiner keine Antwort weiss.

> <

Hast den Weg zu dir,
ganz ungewollt und leicht,
in alle Zeit markiert.
Hast am tiefsten Punkt in meinem Herzen,
deinen Namen eingraviert.

Dein Bild und all dein Sein,
meine Singularität.
Wär nur Traum Realität,
nicht schwarzes Loch.

Mit zitternden Händen,
hab ich dir diesen Brief geschrieben,
doch niemals abgeschickt.

Und mit Tränen in den Augen,
wünsch ich mir dich,
diesen Moment wieder zurück.

In dem ich dir nicht gesagt hab,
was mir auf den Lippen lag.
In dem ich mich nur versteckt hab,
hinter dem, was es nicht gab.

> <

Es ist was es ist,
alles, eher nichts.
Und doch für Momente,
sowas ähnliches wie Glück.

Dieser Moment in deinen Augen,
tief versunken, fast erstickt.
Nichts ist wichtig, Zeit bleibt stehen,
verschwindend kleiner, perfekter Augenblick.

Part 1

Der Tag verplant und voll mit viel nichts.
Hab keine Lust und mich selbst wieder beim
Denken erwischt.
Zieh mich zurück mit Zigaretten und Wein.
Sag alles ab und bleib mit mir und meinen
Gedanken allein.

Ich fang an zu schreiben
und das Handy vibriert.
Es zeigt mir dein Foto,
weiß nicht warum, doch bin irritiert.

Ertapp mich beim Lächeln
und frag mich warum.
Schieb Gedanken bei Seite,
gibt hierfür keinen Grund.

Dinge nehmen ihren Lauf,
die Stunden vergehen.
Die Möglichkeit da,
dich heute noch wieder zu sehen.

Bin überrascht von mir selbst
und dem was ich schreib.
Ein netter Gedanke,
aber nicht an der Zeit.

Part 2

Und wie es so ist, der Plan hat sich geändert.
Bin nicht mehr zu Haus und allein mir selbst.
Seh dich in der Menge.
Der Raum füllt sich mit Licht.

Viel getanzt, getrunken und gelacht.
Ein schöner Abend.
Frag mich, was das hier soll.
Bist du mein Typ? Was find ich an dir?

Doch jedes mal wenn ich dran Denk,
hör ich im Kopf dieses Lied.
Für mich ist Schönheit dieses Licht,
dass dich umgibt.

Frag mich was das ist,
wie ich zu dir steh.
Für mich ist Schönheit,
was ich in deinen Augen seh.

Was soll ich nur machen,
was soll ich nur tun?
Kann nicht klar denken,
komm nicht zur Ruh.
Will dich sehen, dich halten, dich spüren.
Will deine Lippen,
nicht nur in meinen Träumen berühren.
Wär's nur so leicht,
hätt ich bloß nicht gelernt.
Morgen ist heute schon gestern
und dieser Traum ein Stück weiter entfernt.

> <

Zeit hilft,
nicht zu denken,
es wird leichter.

Zeit hilft,
zu vergessen,
klar zu sehen.

Zeit hilft,
doch vielleicht,
tut sie´s auch nicht.

Kein Spulen und kein Knistern mehr.
Das Band gerissen, die Platte hat ´nen Sprung.
Kein Regeln mehr am Regler.
Der Raum so groß und endlos stumm.

> <

Mit geschlossenen Augen dich sehen und
halten.
Nicht schlafen, nicht träumen
und nicht mehr sehen was vor mir liegt.
Doch die Zeit löscht mich aus deinem Sinn,
lässt dich vergessen.
Was war, bringt neuen Regen,
verwischt alle Spuren.
Und ich warte auf den Morgen
und der Wind legt wieder frei.
Was tief im Sand der Zeit
verborgen liegt und schreit.

Es gibt Tage, da wohn ich tief in mir.
Und es gibt Tage, da steh ich wieder hier.
Am Anfang dieser Reise,
die zum Glück kein Ende kennt.

Und alles dreht sich um sich selbst,
bewegt sich hin und her und auf und ab.
Den einen Tag zu viel,
den anderen kein Glück gehabt.

> <

Blicke die lügen
und Worte die nichts sagen.
Ein Punkt verbunden mit dem Nächsten
und Mauern die zerbersten.
Weil ein Stein nicht dort wo er es muss.

> <

Alles ist eins,
nichts,
ist Pi.
Der sprichwörtliche Tropfen.
Kausalität.

Der Moment im Augenblick
Nur Du und ich
Plus- und Minuspol vom Glück

> <

Sekunden werden Stunden
und der Tag dreht sich im Kreis.
Hört auf, fängt an,
stellt seine Fragen.
Wann und wo?
Ich werd´s ihm sagen.
Wenn ich dich seh,
wenn ich es weiss.

> <

Würd so gern verstehen, alles lenken.
Keinen Gedanken, nicht vorwärts,
nicht rückwärts denken.
Aufhören zu suchen
nach dem Wieso, Weshalb und Wofür.
Es ist einfach,
alles dreht und bewegt sich,
nur wegen dir.

Du kannst lesen,
doch kannst du auch verstehen,
was hier geschrieben steht?
Du kannst sehen,
doch kannst du auch erkennen,
was vor deinen Füßen liegt?

Hab versucht die Welt für dich zu drehen,
dass Meer zu teilen und zu wissen,
was du denkst bevor du sprichst.

Nichts davon hab ich geschafft,
bin taub und blind und stumm in deinem Licht.
Heute, tausende Gedanken hinter dir,
seh ich dich auf diesem Bild.

Es tut weh dich zu sehen
mit geschlossenen Augen.
Weh dich zu sehen,
nur auf diesem Bild, halt ich sie offen.

Der Tag läuft ziellos durch die Straßen,
die Laternen sind gedimmt.
Würd gern vergessen,
jeden Tag seit damals und danach.
Doch jeder meiner Schritte,
wirft jede Nacht auf´s Neue,
dein Bild an meine Wand.
Steh unter den Laternen,
seh dir beim Tanzen zu.
Hab dabei vergessen,
dass ich mein eigener Schatten bin,
nicht du.

> <

Wo bist du, wo bist du hin?
Warum nicht hier, warum nicht bei mir?
Wann bist du gegangen?
Wann hab ich dich verloren?
Wann hab ich vergessen,
dich zu kennen, zu verstehen?
Wann hab ich vergessen,
dich zu sehen und zu hören?

Will mich zurück in dich verlieren,
dich morgen finden.
Hören wie deine Blicke sprechen
und sie spüren.

1

Und hab ich zwei, dann will ich drei.
Und hab ich dich, dann willst du mich,
nicht mehr bei dir.
Und aus deinem Tag wird meine Nacht,
schwerelos und frei.
Bis irgendwer erwacht und nicht mehr sieht
was vor ihm liegt.
Und schreit und schreit und schreit.
Und alles dreht sich um sich selbst.
Bis irgendwem auffällt,
was wer verspricht und niemand hält.

2

Und überall nur Fragen die sich fragen.
Was passiert wenn nichts passiert, oder zuviel.
Zweitausend kleine Fragen die sich fragen.
Was sie wollen, warum sie stehen.
Dreitausend kleine Fragen die sich fragen.
Was das soll, warum sie wollen,
dass man sie stellt.
Und was bleibt, was bleibt, was bleibt?
Wenn alle Fragen man gestellt.
Und was bleibt, was bleibt, was bleibt?
Wenn keine Antwort hält was sie verspricht,
oder zu viel.

3

Zuviel was bleibt, nicht vergeht und verbrennt,
nicht verweht.
Verschwendete Zeit und Gedanken und Worte,
nichts bleibt.
Außer der Hoffnung,
dass nichts vom "Für immer"
sich für immer im "Nie wieder"
vergräbt und verweilt.
Zuviel was bleibt.

4

Und wir liegen nebeneinander und schweigen
und schreien uns an.
Mit Blicken aus Sehnsucht und Hoffnung und
Tränen.
Aus verschiedenen Welten,
einen Tag lang zusammen geträumt.
Uns geliebt und gehasst.
Uns gefunden und wieder verloren.

Du bleibst stumm,
doch deine Blicke schreien mich an.
Traum vom Fliegen,
halt nicht an.
Warmer Regen auf der Haut,
hinter´m Meer in der Wüste, der See.
Winter im Sommer,
dein Fehlen tut weh.

> <

Was soll da noch kommen?
Was soll da noch passieren?
Perfekt und vollkommen,
dieser Moment im Gedränge.

Deinen Namen zu kennen,
zu wissen, wer du bist.
Sprachlos, glücklich, Augenblick.
Jedes Wort wäre zu viel.

> <

Aufgestanden in Erwartung,
welch neues Chaos neuer Tag beschert.

Eingeschlafen frei nach Bratzlaw,
nächster Tag hat Chaos neuen Sinn erklärt.

In der Endlichkeit der lauten Töne,
der Stille,
dem Gedränge.
Hab ich dich gefunden
und mich in dir verloren.

> <

Das falsche Gold gefunden.
Hat so schön geglänzt im Licht.
Bin kurz im Rausch versunken.
Doch mehr war´s eben nicht.

> <

In diesem Moment
geht alles
einfach so
von selbst
bis der nächste Augenblick mich fängt
und alles in mir brennt

Ich will nicht sagen für immer,
denn ich denke, nichts ist für immer da.
Doch so lang es geht, will ich dich spüren,
dich berühren,
dich in den Armen halten.

Wenn alles so einfach wär.
Wenn alles so anders wär.
Dann würd ich sagen…
Doch so ist es leider nicht.

Du bist alles, was ich will,
du bist alles, was mir fehlt,
doch du entfernst dich immer mehr von mir.

Ich stehe,
warte, dass du wiederkommst.
Gehe und seh in den Spiegel,
sehe dich und mir wird klar,
Träume sind zum Träumen da.

> <

Hin und her
und her zurück,
immer weiter,
Stück für Stück.

Es ist anders, als ihr denkt,
es ist anders, als ihr glaubt,
jeder von euch ist ein Wunder,
jeder ist dazu bereit.

Ihr tragt alle tausend Wunder
ganz tief in euch drin.
Ihr müsst nur an euch glauben,
dann wird es geschehen.
Ihr werdet alle tausend Wunder,
plötzlich vor euch sehn.

Ihr könnt alles schaffen,
ihr müsst es nur wollen,
Wunder können alle säen.

Niemand kann euch hindern,
niemand euch verstehen,
glaubt nur an euch selbst
und ein Wunder wird geschehen.

Keiner muss es glauben,
keiner es verstehen,
doch jeder hat die Kraft,
am Rad seines Lebens selbst zu drehen.

Glaubst du, dich zu kennen?
Glaubst du, zu wissen wer du bist?
Kannst du, mit deinen Augen sehen?
Kannst du, mit deinem Herzen fühlen?

       Du bist gefangen,
       gefangen in dir selbst.
       Du bist gefangen,
       gefangen in deiner eigenen Welt.

Kennst du die Geborgenheit,
im Nichts der Ewigkeit zu stehen?
Kennst du das Gefühl,
dich ewig nur im Nichts zu drehen?

       Du bist vergangen,
       vergangen in dir selbst.
       Du bist vergangen,
       vergangen in deiner eigenen Welt.

Was bleibt, wenn alles dich verlassen hat?
Wenn Leben Tot zur Folge hat?
Wenn Liebe dich gebrochen
und das Ende einen Anfang hat?

       Du bist entartet,
       entartet mit dir selbst.
       Du bist entartet,
       entartet in deiner eigenen Welt.

Kennst du die Unendlichkeit,
der Erinnerungen, der Vergangenheit?
Versuch daran zu denken,
N(n)ichts ist für die Ewigkeit.

       Du bist gefangen.
       Du bist vergangen.
       Du bist entartet.
       Du bist tot.

Du bist alles, was ich hasse.
Du bist, was ich nicht mag.
Ein Leben ohne Haltegriff,
jedem Sinn entsagt.

Ein Dasein um des Nichtseins Willen.
Der Versuch, die innere Leere auszufüllen.
Welche, wie ich glaube, dich besitzt, nicht
umgekehrt.
Dein Gesicht vom Schmerz verzerrt.

Gefühle die ich nicht begreife.
Gefühle die noch nie so stark.
Alles was ich hasse,
all das, was ich nicht mag.

Wege die kein Ende finden.
Fragen die man niemals stellt.
Hoffnung die auf Hoffnung wartet.
Träne die auf Träne fällt.

Ängste vor dem Morgen.
Furcht vor dem was war.
Glück das auf sich warten lässt.
Liebe die nicht danach fragt.

Gefühle die ich nicht begreife.
Gefühle die noch nie so stark.
Alles was ich hasse,
all das, was ich nicht mag.

Illusion von Zweisamkeit.
Nicht enden wollendes Gefühl von Leere.
Geteilte Traurigkeit.
Geborgtes Glück in Ewigkeit.

> <

Ein Leben lang dort,
alles ok,
plötzlich lief´s schief.

Jetzt hier,
alles ok,
plötzlich läuft´s schief.

Veränderung?

> <

Esche, Erle, Birke
alle das gleiche Ziel.
Wollen wachsen, gedeihen.
Werden nie die gleichen Blätter tragen.

In deiner Welt ist kein Platz für mich.
Kein Raum zum Atmen, zum Sein.
Bist in meinem Leben, für mich…
Kann nicht mehr schlafen,
sehe die Zeichen.
Wiegen schwer,
kann sie nicht ignorieren.
Kein Raum zum Atmen, zum Sein.

> <

Die Adern dieser Stadt pulsieren,
der Regen wäscht sie rein.
Jeden Frühling neue Blätter,
Manches kann auch Zeit nicht heilen.

Drehe weiter meine Kreise,
gefallene Acht im Sand.
Dich zu lieben ist einfach,
mit jedem Schritt die nächste Wand.

Du hast mir wieder gezeigt,
was es heißt, verliebt zu sein,
hast mir gezeigt,
was es heißt, einen Menschen zu begehren,
hast mir gezeigt,
wie es ist, mit einem Funkeln in den Augen zu
sehen,
hast mir wieder gezeigt,
wie es ist, wenn das Feuer in mir brennt.

Du hast mich wieder an den Ort geführt,
wo Hoffnungen geboren werden,
den man ohne Liebe nicht erreicht.

Und ist dies auch noch so vergänglich,
ich weiss wieder, was Hoffnung heißt.

> <

Weiss einfach nicht, wie ich es schaff,
dass ich meine Träume wahr werden lass.
Doch es ist auch egal, der Anfang gemacht,
hab jemanden gefunden, der mich heute
glücklich macht.

Gelbe Rose
bist voller Schönheit
voller Kraft

Gelbe Rose
bist voller Leben

Gelbe Rose
stimmst mich nachdenklich
bereitest mir Schmerz

Stimmst mich nachdenklich
Gelbe Rose,

Stimmst mich nachdenklich,
lässt mich in den Tiefen meiner Gedanken verloren
Gelbe Rose,
lässt mich nicht los,
hälst mich fest in den 4 Wänden meines Ichs.
Gelbe Rose,
lässt mich nicht Ruhen,
stimmst mich nachdenklich, gelbe Rose.

Ich genieße jede Sekunde mit dir,
lebe jede Minute intensiver,
wenn du bei mir bist.

Ich möchte keinen dieser Momente missen,
auch wenn du nur stumm neben mir stehst.
Es erfüllt mich mit unbeschreiblichen
Gefühlen,
wenn du mich umarmst.
Es macht mich glücklich,
wenn ich in dein lachendes Gesicht sehe.

Es ist schön, dich zufrieden zu sehen,
doch traurig, dass ich es nicht bin,
der dich glücklich macht.

> <

Alles löst sich auf im Regen,
der Kopf dreht sich im Kreis.
Das Herz an Puppenspielers Fäden,
dem Leben seinen Lauf.

Ich sehne mich nach Liebe,
nach Geborgenheit,
nach Wärme,
nach Zuneigung,
nach Vertrauen.

Ich sehne mich nach einem Menschen,
der mich zum Lachen bringt,
wenn mir zum Weinen zumute ist.
Sehne mich nach einem Menschen,
der mir Kraft gibt,
wenn ich am Boden bin.
Sehne mich nach einem Menschen,
dem ich mein Herz schenken kann,
ohne Angst davor zu haben, das er es zerbricht.
Ich sehne mich nach einem Menschen,
der mir Liebe wieder gibt.

> <

Sieh mich nicht an,
wenn du meine Blicke nicht erträgst.
Sprich nicht mit mir,
wenn du meine Worte nicht verstehst.

Wenn ich irgendwann gelernt habe,
mich selbst und mein Handeln zu verstehen,
können wir darüber reden,
ob wir in Zukunft, diesen Weg gemeinsam
gehen.

Vielleicht wird es nie dazu kommen.
Vielleicht schon morgen.
Vielleicht ist es Bestimmung,
dass ich mein größtes Übel bin.

Es ist schwer zu begreifen,
was nicht greifbar ist.
Es ist einfach zu behaupten,
dass es Schicksal sei.

Ich will versuchen,
zu verstehen warum.
Doch dieses Ziel,
wird mich am Ende das Leben kosten.

> <

Was mir fehlt, sind echte Gespräche,
von Angesicht zu Angesicht.
Was ich vermisse, ist Nähe die ich spüren,
nicht nur ahnen kann.

Fühlst dich einsam,
traurig, leer.
Fühlst dich schwach,
vom Träumen schwer.

Hör auf zu denken,
du wärest allein.
Vergiss deine Sorgen,
vergieß keine Träne mehr.

Irgendwann, du wirst es sehen.
Irgendwann, es wird geschehen.
Auf deinem Weg, bisher allein,
wird irgendwann, noch jemand sein.

> <

Mit jedem Schritt ein Stück weiter
irgendwohin
nirgendwohin
nach Haus

> <

Ein Augenblick Du
Eine Ewigkeit Wir
Auf dich werd ich warten
Für dich bleib ich hier

Erinnerungen schwinden,
Gedanken schweifen aus.
Gefühle sind verflossen,
im Strome der Vergangenheit.

Tage werden Nächte,
Leben ward zu Tot.
Alles wird sich wenden,
im Laufe jeder Zeit.

Tausende von Tränen,
werden rinnen über Haut.
Doch winzig kleine Augenblicke,
werden leuchten für die Ewigkeit.

> <

Der Vögel Lieder wecken mich,
schlaftrunken schaue ich mich um.
Im Arme eine fremde Frau,
frag mich, ob sie wirklich ist.

Die Sinne werden klarer,
die Sonne streichelt ihre Haut.
Lieblicher Duft fremder Haare,
schlaf nochmal ein und wach nochmal auf.

Nichts ist vollkommen,
die Wahrheit tut weh.
Öffne die Augen,
fang an zu verstehen.

Nichts ist wie es aussieht,
alles anders als man denkt.
Woher soll man wissen,
dass es ist, wie es scheint?

Vieles hier ist Lüge,
keiner ehrlich zu sich selbst.
Wieso hast du Angst,
zu sagen was du denkst?

> <

Die Sonne brennt mir auf der Haut
Heut ist es leichter
An dich zu denken
Wie du bist
Zwei Häuser weiter
Ohne mich
Es ist ok
Die Sonne scheint mir ins Gesicht
Heut ist es leichter

Nichtstuend sitz ich hier,
lese, vollbringe nichts,
will viele Dinge tun,
bin nicht im Stande dazu.

Phantasie und Realität,
wie schwarz und weiß,
Sommer und Winter,
nicht miteinander vereinbar.

Fragen überkommen mich,
warum, wofür,
ich weiss es nicht,
warten,
Licht.

> <

Wenn ich schreibe,
bin ich in Gedanken bei Vergangenem.
Wenn ich schreibe,
denk ich mich dorthin.

Ich seh dich an und mir wird kalt
Das Herz sagt ja
Der Kopf sagt halt

Bist mir viel näher als du glaubst
Vielleicht auch näher als ich will
Gingst mir von Anfang an unter die Haut

Seh dich an und mir wird klar
Hab keine Antwort
Auf keine Frage mehr

Unerfüllte Blicke schauen mich fragend an
Kleine, leise Traurigkeit
Zieht mich in ihren Bann

Will dich nur noch einmal sehen
Weiss es ist spät
Du musst bald gehen

Will dich nur noch einmal sehen
Bevor sich der Eine oder Andere
In dem Einen oder Anderen verirrt

Bevor du gehst
Und wir uns verlieren
Bevor du wieder gehst
Und ich mich auf´s Neue verlier

Ich vermisse dich
Deine Zärtlichkeit
Das Funkeln in deinen Augen
Jedes einzelne, kleine Härchen auf deinem
Bauch

Ich vermisse dich
Deine Nähe
Dein Lachen
Dich zu küssen

Am meisten allerdings
Vermisse ich dich in den Armen zu halten
Deinen Duft
Zu wissen, dass du bei mir bist

> <

Es ist nur ein Augenblick,
der entscheidet.
Es ist nur ein Blick in deine Augen,
der sagt, was kein Wort vermag.

Zu viel gesagt
Zu lang gewartet
Zeit verschenkt

Ein letzter Brief
Mein Abschiedslied

Lass dich gehen
Werd dich vergessen
Mach mich auf
Lass dich stehen

Will nicht mehr daran denken
Dein Bild nicht mehr vor Augen sehen
Werd nicht mehr von dir träumen
Deine Nähe in Gedanken spüren

> <

Ich schreib diese Zeilen
Um dir mit ihnen ein Stück näher zu sein
Geboren aus Sehnsucht
Auf´s Papier gebracht
Voller Verlangen
Veränderte Gedanken
Konfus, verdrehter Sinn
Seh all die Bilder anders an

Nichts, wonach ich mich mehr sehne
Nichts, was ich mir mehr wünsche
Und wovor ich mich gleichzeitig so sehr
fürchte
Die Vorstellung allein, treibt mir Tränen in die
Augen
Ein Lächeln ins Gesicht

Nichts könnte weiter von der Wirklichkeit
entfernt sein
Als jener Vorstellung naiver Wunsch
Nach Nähe, Zärtlichkeit, den selben vier
Wänden um uns herum

Glücklich, Eins, zusammensein
Wie einst versprochen
Damals war

Noch immer dein
Der eine, einzig Platz in meiner Brust

Hab vor lauter Blindheit
Falschem Stolz
Das mir Liebste auf immer jetzt verloren

Schatz, es tut mir leid
Für immer dein, in Ewigkeit

Würd´ gerne wissen,
warum du mich nicht siehst,
wenn wir voreinander stehen.

Würd´ gerne glauben,
dass alles gut wird,
wenn ich meine Augen schließ.

Zwischen Wimpernschlägen,
für Bruchstücke von Sekunden,
noch einmal deine Wärme spüren.

Das da was war, ist unbestritten,
was, dass weiss ich nicht.

Vielleicht Verlangen nach einander,
netter Stund.
Zusammen sitzend, reden, trinken.

Hätt´ was Schönes werden können,
vielleicht auch nicht.

Werden´s niemals mehr erfahren,
passender Moment ist uns entwischt.

> <

So viele Worte, wilde Gedanken tiefen Sinns
Wenn ich heut´ les´
Was ich damals zu Papier gebracht

Kleine, leise Traurigkeit
Tief unter der Haut

Manches bleibt lieber vergessen
Weit hinten im Schrank
In Kisten verstaut

Nacht für Nacht in meinem Traum
Tag für Tag in meinem Sinn
traurig ist mir jede Stund´
die ich nicht bei dir bin

> <

Mit Worten vermitteln
was tief im Innersten geschieht

Mit Blicken sagen
was ein Wort nicht vermag

Mit kleiner Berührung, leisem Kuss
o lieblicher, längst vergangener Tag

> <

Bist mein Glück
mein Alles

bis ans Ende der Welt
wieder zurück

vierblättriges Kleeblatt
bist Alles, bist Nichts

Stell ich mir die Frage
Sind zwei Minuten Pause
Denn schon zu viel verlangt
Ist die nächste
Schon durch meinen Kopf gerannt

Und ja es ist wahr
Das, was man nicht haben kann
Ist viel mehr als alles Andere
Unendlich interessant

> <

Zu wenig Zeit hier
Zum Schaffen, zum Tun
Zu wenig Zeit hier
Um zu wissen warum

Viel zu viel Zeit hier
Und zu müde zum Gehen
Viel zu viel Zeit hier
Um zu wissen wofür

Die Welt dreht sich
stetig, wie Vögel ihrer Bahnen zieh´n
lausche leise sitzend diesem Bach
in mich hinein

wie plätschernd Wasser durch das Rinnsal
rinnt
sind verflogen all die Jahr´
in denen sie noch bei mir
in denen ich noch glücklich war

Die Welt dreht sich weiter
unbeeindruckt meines Seins
Welt, dreh dich weiter
als hätt´ ich niemals nie um sie geweint

> <

September 2013

Momentaufnahme
Resignation

Tagtraum
Zukunftsvision?

Das Wort als Solches, als feste Größe,
als unantastbar gesehen.
Im Zwischenmenschlichen, im Miteinander,
im täglichen Gebrauch zur Kommunikation.

fehlinterpretiert
missverstanden
nicht artikuliert

Worüber beschwer ich mich eigentlich,
geh ich doch selbst achtlos damit um.

> <

Einen Tag am Strand, wir drei allein
die Wellen singen Lieder
und der Wind malt Wolkenbilder
Die Möwen ziehen Kreise
und neues Leben
baut erstes Haus auf seine Weise
Hab Tränen in den Augen
kann nichts dagegen machen
nichts ist schöner
als unbeschwertes Kinderlachen

Im Nachhinein betrachtet, ist vieles von dem was wir im Leben getan, welche Entscheidungen wir getroffen haben, traurig und unsinnig. Es ist müßig sich darüber zu streiten wer Schuld hat und wer nicht. Auf jede Aktion folgt eine Reaktion, auf jedes Handeln das nächste. Selten wohl überlegt oder durchdacht, vor allem wenn Emotionen, Gefühle oder gar Liebe im Spiel sind. Schuld ist hier, wie fast alles in einer Beziehung, nur ein subjektives Empfinden, welches von den eigenen Unzulänglichkeiten ablenken soll. Was das bedeutet? Fragt euch selbst. Ich weiß nur, dass alles an Bedeutung verliert, wenn man den Menschen, der für einen die Welt bedeutet, einmal gefunden und wieder verloren hat.

Erstaunlich, wie unterschiedlich die Dinge doch aussehen, je nach dem, von welchem Standpunkt aus man sie betrachtet. Erstaunlich, wie viele Antworten es auf nur eine Frage gibt.

Baum im Winter
bietest nichts schönes mehr

Baum im Winter
bist kahl und weiß

Baum im Winter
wirkst völlig tot

Baum im Winter
im Sommer noch das Leben

Baum im Winter
siehst, wie Zeiten sich ändern

Baum im Sommer,
bist „grün",
so voller Blütenpracht.

Baum im Sommer,
spendest mir Schatten,
einen Ort an dem ich mich entspannen kann.

Baum im Sommer,
bist zu Hause, Erholungsort,
und Liebesnest zugleich.

Baum im Sommer,
bist der Ort,
an dem ich gern verweilen mag.

Alles beginnt von vorn
und endet im selben Moment.
Der Lauf der Dinge ist wie der Wind.
Vorherbestimmt?
Doch egal was gestern war,
morgen vielleicht ist.
Heute, in diesem Augenblick,
bin ich glücklich.

> <

Zeit soll alle Wunden heilen
Das seh ich nicht
Ja Zeit vergeht und man vergisst
Daran zu denken und an dich

Das Auge zwinkert
Innerlich gelacht
Alles halb so wild
Hab heut nicht an dich gedacht

> <

Versunken im „Für immer" und „Nie wieder"
Gedanken malen Bilder
Innerstes verzehrt sich stetig
Offensichtliches und ewig

Wie ein Vogel mit gebrochenem Flügel
Wird überleben
Wohl nie wieder Fliegen

Wie ein Lied ohne Ton
Da
Doch kann´s keiner hören

Sehnsucht gefüllter Raum
Der Wirklichkeit entschwunden
Angekommen, zuhause im Traum

> <

Ich hielt es in den Händen
Trug es um den Finger
Es lag jahrelang und täglich
Neben mir am Abend, in der Nacht

Hab vergessen es zu schätzen
Verschlafen mit ihm auf zu stehen
Nicht verstanden, dass im Laufe der Zeit
Worte an Bedeutung verlieren

Mit dir am Strand, die Sonne scheint
Das Meer ist blau, die Möwen ziehen Kreise
Bilder im Kopf, ja ich hab Bilder im Kopf
Bilder im Kopf, Bilder von dir
Am Strand, die Sonne scheint
Das Meer ist blau und Möwen ziehen Kreise
Hier fühl ich mich frei, bei dir zu sein
Mit dir allein, dem Sonnenuntergang entgegen
Mit dir allein, zusammen sein
Zwei, drei Gläser Traubensaft, ne Decke und
die Eels
Sand zwischen den Zehen beim Augen öffnen
Dich in meinen Armen spür´n
Jeden Tag das gleiche, schöner kann ein Traum
nicht sein
Bilder im Kopf, ja ich hab Bilder im Kopf
Bilder im Kopf, Bilder von dir

> <

Was hab ich getan
Was hab ich aus dir gemacht
In meinen Gedanken
Unendlicher Traum
Unwirkliches Wesen
Dämon
Suchst mich heim
Nacht für Nacht

Gegen Wände rennen,
keine Schmerzen mehr spüren
Alles vergessen, alles verstehen
Zeiten ändern sich,
jeden Moment, im Augenblick
Würd so gern wissen,
ob und wann ich dich seh
So wie früher, mit diesem Funkeln,
dass dich umgibt
Würd so gern sagen bis morgen,
du bist alles was zählt
Doch woher soll ich wissen,
was heut noch passiert und
vielleicht morgen geschieht
Wir einander versprechen und
die Zeit niemals hält

Hab versucht zu vergessen,
was tief in mir wohnt
Versucht zu begreifen,
was in Gedanken beginnt
Was Handeln lenkt und Tage bestimmt
Warum Nächte schlaflos
und Tage ohne Farbe sind
Wieso, weshalb und wofür
Jeder Gedanke, jeder Traum,
das alles bist du,
gehört dir

Hab dich tausendmal gefunden
Tief in jeder Nacht
Jeden Morgen
Auf´s Neue dann verloren

Mit dir getanzt
In jedem traurigen Moment
Mit dir gelacht

So viele Stunden mit dir in Gedanken
Sehnsuchtschwanger und allein

Ich wache auf, schau mich um
Komm nicht klar, lauf zur Tür
Bist nicht hier, nicht bei mir
Wieder nur ein Wiedersehen
In meinem Traum mit dir

> <

Ein Buchstabe, groß oder klein
Ein Wort, hier und nicht da
Der Sinn sich verändert
Ein Gedanke, so anders und wahr

Ich erkenn dich nicht wieder
warst mir gestern noch so nah
Bist einfach gegangen
heute nicht mehr da

Ich erkenn hier nichts wieder
alles sieht so anders aus
Laufe durch die Straßen
ohne dich, sieht keine mehr wie früher aus

Ich erkenn mich nicht wieder
fühl mich ohne dich einfach nur leer
Versuch die Sehnsucht zu ertränken
Engel, ich vermiss dich so sehr

> <

Ich frag mich jeden Tag
wie lang das noch so geht
„Vorbei" ist machmal doch
ein verdammt schönes Wort

Neuer Tag, wieder von vorn
Die selben Fragen, gleicher Ort
Zeitvertreib und wieder tausend Worte reicher
Zeitvertreib, keinen einzigen Gedanken
leichter

Verlier mich in der Nichtigkeit der
groß gedachten Worte
und all dem schönen Schein.
Hab dabei vergessen,
mit mir eins und eins mit mir zu sein.

> <

Ich kann so schön im Selbstmitleid zerfließen,
mich in meinem Elend suhlen und so tun,
als wär das Leben mir nicht fair.
Ach wär da bloß nicht dieses winzig kleine
Ding was mich mir selbst verrät.
In Wahrheit nämlich geht es mir nicht schlecht
und selbst das Glück, kreuzte neulich meinen
Weg. Kann hohen Hauptes nicht behaupten,
dass eine meiner Tugenden Geduld.
Und am Rest des ewig gleichen Liedes,
bin einzig ich und niemand anders schuld.

Bin so glücklich das es weh tut,
jede Faser meines Körpers brennt.
Die Gedanken rennen Kreise,
um den immer gleichen Traum.
Find den ganzen Tag lang keine Ruhe,
auch nicht wenn ich schlaf.
Hab dein Bild vor meinen Augen,
wünsch mir du wärst da.
Trau mich nicht zu träumen,
hab Angst, ich wach dann auf.

> <

Jede Sekunde die verstreicht,
jeder Tag der vergeht,
bringt dich ein Stück dem Ende näher.

Jedes Gefühl, das du hegst,
ist vergänglich.
Alles was du liebst,
wird irgendwann nicht mehr sein.

Alles, woran du glaubst, wird zerbrechen,
denn, nichts ist für die Ewigkeit.

Alles was du erwarten kannst,
ist eine Minute Vollkommenheit,
nicht mehr.

2-tausend kleine Dinge,

denn in allem Guten steckt die 2.

2-tausend kleine Dinge,

machen mich verrückt.

Ein bißchen Hiervon mehr auf Das

und die Gedanken fahren Kreise.

Etwas weniger von Dir,

was bald nicht geht

und mein Herz schlägt leise laut.

2-tausend kleine Dinge,

die ich an Dir so mag.

Dazu 2-tausend mehr,

die ich nicht brauch.

Fühl mich gut,

wenn ich Dich seh.

Kann mich nicht leiden,

wenn ich Dich vermiss.

Das 2-tausendmal zu oft.

Denk mir ab und an,

so zwischendurch "Warum?"

"Wirst Dich schon bei mir melden

wenn Du willst und es Dir wichtig ist.

Was wohl leider nicht so ist."

"Lauf Dir nicht hinterher

doch kann hier auch nicht weg."

Denk mir so manchen Abend

"Was soll der ganze Mist?".

Denk nach so manche Nacht,
dann fällt´s mir wieder ein im Schlaf.
2-tausend kleine Dinge,
2-tausendmal verrückt,
nach Dir und deinen Lippen,
deinem Duft.
Den 2-tausend kleinen Dingen,
2-tausendmal durch Dich.
Bin 2-tausendmal gestorben,
2-tausendmal dann neugeboren,
2-tausendmal,
bei jedem Kuss den ich Dich küss.

> <

Nur weil ich nicht hier bin,
bin ich noch lange nicht dort.
Wo auch immer das sein soll.
Wer weiss, an welchem Ort
die Antworten sich finden,
sich wieder neue Fragen stellen.
Nach Allem, dem Sinn.
Wahrscheinlich da,
wo ich noch nicht gewesen bin.

Wenn du mich fragst,
was das hier soll.
Weiss ich nicht,
was ich dir sagen soll.

Und schließ ich meine Augen,
hör ich das Rauschen aller Meere
und mein Kopf ist leer,
weil ich dich seh.

Es tut mir leid,
hab keine Ahnung wie es heisst.
Wie man es nennt,
wenn alles fehlt.

Gibt´s dafür denn überhaupt ein Wort,
dass auch nur im entferntesten beschreibt,
was außer dem Blut in meinen Venen,
mein Herz am Leben hält?

Ist es das Ticken meiner Uhr, das mir verrät,
dass ganz egal, was auch passiert,
es immer irgendwie,
sich alles weiter dreht?

Ist es das Treiben auf den Straßen,
die bunten Lichter und der Lärm?
Ist es das Knistern in den Bäumen,
wenn der Wind sie zärtlich streift?

Sind es die Vögel vor dem Fenster?
Sie singen mir ein Lied.
Nein, es ist die Schönheit des Moments,
seit dem ich weiss, dass es dich gibt.

Die kleinsten, gemeinsamen Teile
und eine Hand voll endloser Zeit.
Ein Sommergewitter
und im Winter, wenn es schneit.

Und all das, was mich Nachts,
durch die Gärten vor Augen,
im Kopf, mit tausenden Tauben,
trägt und auch treibt.

Millionen von Lichtern
im Wandel der Zeit.
Eine Sehnsucht die leuchtet
und ein Licht, das bleibt.

> <

Vielleicht können wir allein auch zusammen
sein und merken, dass sich das Zusammensein
doch lohnt.

Vielleicht können wir zusammen allein sein
und einsehen, dass sich das Alleinsein doch
nicht lohnt.

Und vielleicht können wir dann auch
gemeinsam, bis zum Ende der Zeit,
zusammen sein.

Hin und her und hin und wieder
und jeden Tag in dieser Stadt,
stellt man sich die gleichen Fragen.
Kannst du mir sagen,
wo ist hier der Sinn?
Ich hab nach Antworten gesucht,
jeden Tag erneut verflucht
und nichts gefunden.
Bin im Mittelmaß ertrunken,
im Selbstmitleid versunken,
weiss manchmal nicht, wer ich grad bin.
Und bin trotzdem mittendrin!
Im Leben!

Diesem Leben, dass ich lebe,
diesem Leben, dass ich lieb.
Das ich hasse und verfluche
und das ich doch nicht tauschen will.

Innerlich zerrissen und immer hinterher,
kenn ich jede Faser aller Fehler,
ab und an fällt es mir schwer.
Doch es ist gut, dass es so ist,
denn wär es anders, wär´s nicht echt!

Zwischen suchen und finden,
zwischen hin und her
und hin und wieder,
zieh ich langsam, leise Kreise,
dreh ich mich laut von hier nach da,
find ich mich wieder
und seh ich wieder klar.

Meine Insel in der Stadt
Alles schwimmt und alles lacht
Hier ist was ich will und wann
Sofern denn Traum auch fliegen kann